Descubre Como Funcinona El Mundo Que Te Roder by Carla Nieto

©2020, Editorial Libsa

The simplified Chinese translation rights arranged through Rightol Media

本书中文简体版权经由锐拓传媒旗下小锐取得（Email:copyright@rightol.com）

Chinese Simplified translation copyright © 2023 by Chongqing Publishing House Co., Ltd.

版贸核渝（2023）第082号

图书在版编目（CIP）数据

周围世界运转的N个为什么 /（西）卡拉·涅托·马尔提内斯著 ；豆麦麦译. -- 重庆：重庆出版社，2023.8
ISBN 978-7-229-17914-4

Ⅰ．①周… Ⅱ．①卡… ②豆… Ⅲ．①科学知识—少儿读物 Ⅳ．① Z228.1

中国国家版本馆CIP数据核字（2023）第 160367 号

周围世界运转的 N 个为什么
ZHOUWEI SHIJIE YUNZHUAN DE N GE WEISHENME
[西]卡拉·涅托·马尔提内斯 著　豆麦麦 译

责任编辑：周北川
责任校对：杨　婧
封面设计：王平辉

重庆出版集团
重庆出版社 出版

重庆市南岸区南滨路 162 号 1 幢　邮政编码：400061　http://www.cqph.com
天津融正印刷有限公司印刷
重庆出版集团图书发行有限公司发行
E-MAIL：fxchu@cqph.com　邮购电话：023-61520417
全国新华书店经销

开本：940mm×1194mm　1/16　印张：4　字数：30 千字
版次：2024 年 1 月第 1 版　印次：2024 年 1 月第 1 次印刷
ISBN 978-7-229-17914-4
定价：49.80 元

如有印装质量问题，请向本集团图书发行有限公司调换：023-61520417

版权所有　侵权必究

目 录

介 绍	1
宇宙是如何诞生的?	2
黑洞是什么?	4
为什么地球上有不同的时区?	6
为什么我们说恐龙已经灭绝了?	8
埃及木乃伊是怎么做的?	10
东西都是什么做的?	12
为什么橡皮可以擦掉东西?	14
纸是如何制作出来的?	16
衣服是如何制作的?	18
牛奶是如何生产出来的?	20
奶酪是如何生产出来的?	22
我们在面包店里买的面包是怎么来的?	24
锁是怎么工作的?	26
现在我们的世界有几种能源?	28
电是怎么送到我们家的?	30
装在我的玩具里的电池是如何工作的?	32
汽车是怎么工作的?	34
为什么飞机会飞?	36
飞机飞行和在机场起降的时候,为什么不会发生碰撞?	39
为什么火箭能升空?	40
GPS 定位系统是如何工作的?	42
微芯片是什么?	44
电脑里有什么?	46
互联网是如何运作的?	48
我们家里使用的水是从哪儿来的?	50
城市的地下有什么?	52
垃圾是如何回收的?	54
什么是可持续城市?	56

介　绍

若你：

- ☑ 经常问自己，为什么打开一些生活用品或家用电器的开关，它们就会开始工作；
- ☑ 经常对你的日用品是怎么来的感到好奇；
- ☑ 对电脑、互联网和信息技术感到好奇；

总之，如果你并不仅仅满足于使用下面这些东西而总是问自己它们是如何工作的，比如：

> 锁是怎么工作的？

> 为什么飞机会飞？

> GPS定位是什么？

等等。那么这本书一定适合你！这本书里，你会找到这些问题的解答，从宇宙的起源到恐龙的灭绝，从人类的发明到食物加工的过程。我们知道你肯定不喜欢过于复杂的解答，在这本书里，你会找到最简洁的回答、最具体的观点和最有趣的知识，来帮助你解开疑惑。

> 如果宇宙起源于虚空，那么为什么虚空能形成宇宙？为什么地球上有不同的时区？埃及木乃伊是怎么做的？我们看到的东西都是什么做的？衣服是如何制作的？我们在面包店里买的面包是怎么来的？电是怎么送到我们家的？

你想把这些和其他的秘密牢牢地记在心里，还是想和朋友们分享，都随你！现在，快开始你快乐的知识之旅吧！

宇宙是如何诞生的？

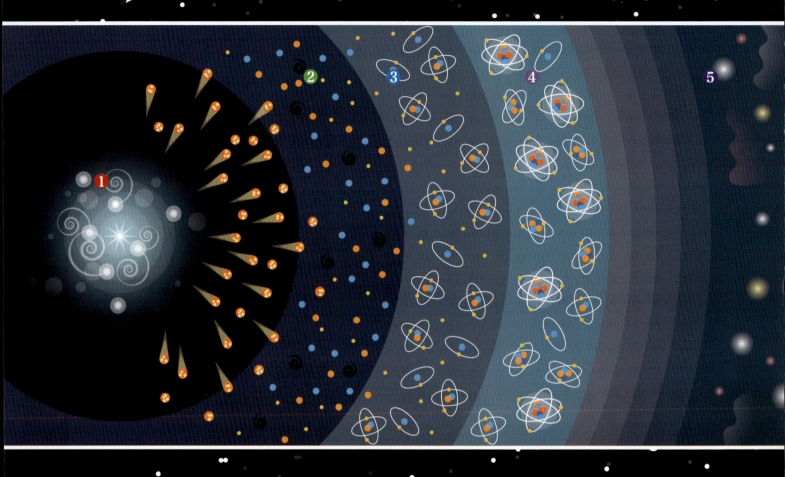

❶ 科学家认为很久很久以前，宇宙类似一粒极小的谷子，周围被灰尘和气体包围，温度极高，高达几十亿摄氏度。大概在138亿年前，"大爆炸"发生，宇宙这一粒小谷粒就像接收到巨大的能量一样，开始膨胀。

❷ 这时，膨胀的宇宙里产生了上百万个悬浮着的小微粒，它们本身温度也极高。随着宇宙的不断膨胀，这些微粒的温度也降了下来。

❸ 这些微粒慢慢聚集起来，形成了更大一些的微粒——原子。同时，由于万有引力的作用，这些原子复合成为星云。

大概在138亿年前，宇宙形成了。宇宙的形成到现在还是一个谜团，许多科学家都在努力解开这个谜团。目前，最为我们所接受的是大爆炸理论。

宇宙继续膨胀，而星系继续相互分离。

大爆炸是否真实存在呢？

最新的科学研究表明，大爆炸并不是指我们现在所认识的宇宙的大爆炸，而是最初小微粒的突然爆炸。

❹ 大爆炸后，宇宙一直处于黑暗状态。一些原子的碎片聚集起来形成了最初的"星星"，这些"星星"也就是宇宙中"最初的光"。这是为什么呢？因为大爆炸产生了巨大的热量，在冷却过程中到达了一个特殊的温度，将这些碎片永远地聚集在了一起。

❻ 几百万年以后，这些"星星"也慢慢形成了围绕在太阳这颗恒星周围的行星。这就是我们太阳系的起源。

❺ 在"星星"的周围也就产生了星系。

奇妙知识小贴士

我们并不知道宇宙的大小，因为人类还没能发明能够确定宇宙大小的望远镜！

黑洞是什么？

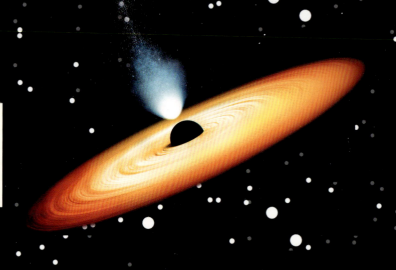

黑洞是一种特殊的宇宙天体，我们几乎不可能通过观察而发现它的存在。它吸引着无数天文学者和科学家。这个被我们称之为"恒星系中的空心"的黑洞，包含着无数谜团。

奇妙知识小贴士

宇宙中所有黑洞内部吸收的物质的总量大概类似于一千万个太阳这么大。目前，人类已知的最大黑洞是M87星系黑洞，虽然其史瓦西半径达到了195亿千米，但是和其他太空物质相比，黑洞还是比较小的。大多数星系，比如我们所在的银河系，中心位置都有一个黑洞。不必担心我们的地球会被黑洞吸收，因为我们银河系中心的黑洞，离我们有24000光年的距离。

虽然黑洞无法被我们看到，但它确实存在

黑洞成功地隐藏在宇宙中。那么，为什么天文学家和科学家知道哪里有黑洞呢？这是因为黑洞周围会发生特殊的现象，比如在黑洞附近物质运动的轨道会发生改变，光和气体会忽然消失。不仅如此，科学家还发现，在被黑洞吞噬前，物质会因为受到巨大的引力而发出一种X射线。这是科学家确定黑洞位置的另一种方法。

❶ 当一个很大的星体衰老时，它会丧失自己的重量，它身上的光也会慢慢"熄灭"。因此，星体会慢慢

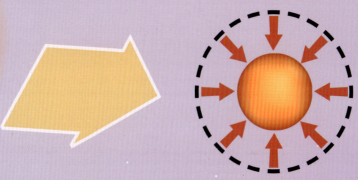

冷却、慢慢折叠……慢慢形成密度极大、体积极小的超新星，将其内部所有物质都压缩起来。这种星体将会具有巨大的引力，能将周围一切物质吸入内部，如同一张巨大的嘴巴。这就是黑洞形成的过程。黑洞的吸引力是极大的，几乎能吞噬周围的一切：其他星体、气体、整个太阳系甚至其他黑洞。

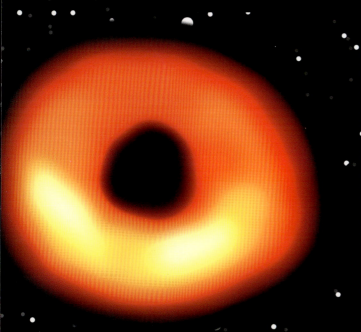

❷ 由于黑洞不断将物质吸入内部，它的体积将不断膨胀，万有引力也随之变大，它对外界的吸引力也增强。因为黑洞能够无限吸收物质，且没有任何物质能脱离黑洞，因此科学家称之为"洞"。而"黑"是因为黑洞吸收最快的就是光，光无法脱离黑洞。因为黑洞能吸收光，因此黑洞和宇宙一样，都是黑色的。

为什么地球上有不同的时区?

当你早上7:30起床去上学的时候,有些国家的孩子正在课堂上读书,有些国家的孩子刚放学,有些国家的孩子正在睡觉。这是因为在地球上有不同的时区,如上图手表所示。

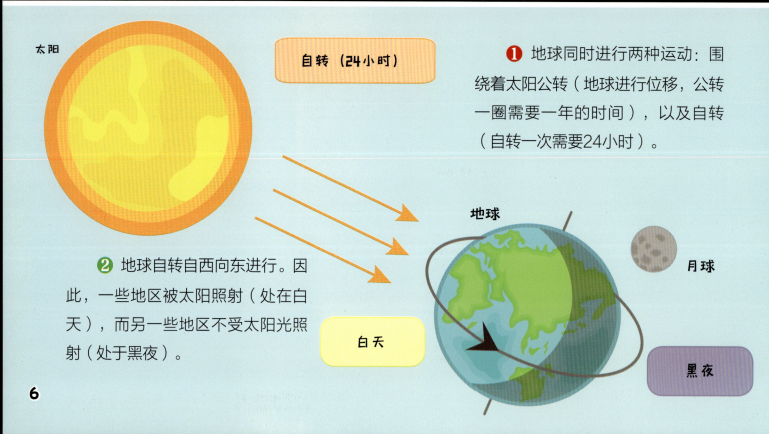

❶ 地球同时进行两种运动:围绕着太阳公转(地球进行位移,公转一圈需要一年的时间),以及自转(自转一次需要24小时)。

❷ 地球自转自西向东进行。因此,一些地区被太阳照射(处在白天),而另一些地区不受太阳光照射(处于黑夜)。

❸ 因此，根据我们在地球上所处的不同位置，对有些地方来说正在经历日出，而有些地方正在经历日落。对于处在黑夜中的地区来说，不同地方所处的时刻也不同。这种时差不仅让我们很难给日常活动制定一个统一的时刻表，也给不同国家间进行航行和贸易带来了困难。

科学家想到了一个解决办法：给世界上不同的时间表排个序。于是他们想象出了一条将地球分为两半的线：子午线。

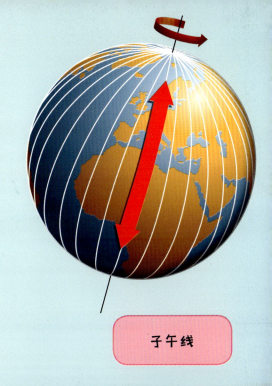

子午线

格林尼治·本初子午线

❹ 时区因此而产生。地球被划为24个时区（形状类似于橘子中的橘瓣），每个时区15°。为什么是15°呢？因为球体的360°分为一天24个小时，结果就是每个时区15°。

❺ 时区划分从英国小镇格林尼治开始，这里被定为本初子午线，从这里向左向右各自划分12个时区。从本初子午线开始，每向右（从格林尼治向东）一个时区就加一小时，而每向左（从格林尼治向西）一个时区就减一小时。

为什么是格林尼治呢？

1884年，一群科学家为了确定零时区，在美国华盛顿开会讨论，大会最终确定了将英国伦敦附近的格林尼治定为本初子午线。在那个时候，英国是世界上最强大的国家。

奇妙知识小贴士

一些面积比较大的国家，比如美国和澳大利亚，它们的国土包含了好几个时区，因此，在这些国家，不同的地方有不同的时间。而在辽阔的中国（中国的国土东西方向直线距离超过5000千米），虽然国土中也包含着不同的时区，但是中国政府规定在国境内仅采用一种时间，即北京时间。

7

为什么我们说恐龙已经灭绝了？

虽然恐龙在6500万年前就已经从地表消失了，但是我们非常确定恐龙是存在过的。恐龙没有留下任何的图像，为什么科学家却能如此了解它们呢？答案就在化石里。

❶ 大多数恐龙遗骸化石都是这样形成的：恐龙通常在河边死去，死后土壤会慢慢覆盖它的尸体，对尸体进行分解。

❷ 恐龙的皮肤和肉是最早被分解而消失的，但它的骨骼不会被分解，几乎保持原状。

❸ 因此，恐龙骨骼就渐渐地被土壤和泥沙所掩盖。最后，骨骼好像被"影印"在了地下的岩石中，成为了地下的一部分。这就是化石的形成过程。

❹ 这些化石，形成于几亿年前，位于地层最底层。

❺ 由于地球运动，某一时刻埋在底层的化石回归到了地表。当埋有恐龙骨骼的化石被风雨所侵蚀，恐龙的骨骼才最终露了出来。古生物学家（研究恐龙骨骼的科学家）发现化石并通过它分析恐龙。

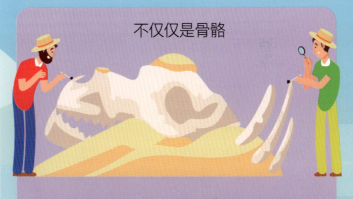

不仅仅是骨骼

古生物学家研究恐龙化石就好像解谜一样，他们将这些骨骼拼凑起来。这么做，不仅能再现恐龙的样貌，而且便于研究恐龙的生活方式。

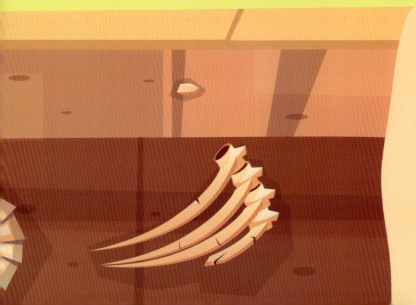

奇妙知识小贴士

人类在150年前首次发现恐龙遗骸。世界上最令人惊讶的化石是霸王龙的粪便化石，长67厘米，重量达9千克。世界上已发现的最完整的恐龙化石是生活在7700万年前的短冠龙化石，其遗骸皮肤之下的肌肉、器官等内部结构清晰可见，胃里甚至还留有食物。

埃及木乃伊是怎么做的？

古埃及人相信，人死了之后，灵魂（埃及人称之为卡）将会开始一段通向死后世界的旅程，所以死者必须装扮得漂漂亮亮的。因此，死者的尸体将会经过一道复杂的工序，称为防腐处理。

祭司

尸体防腐需要准备些什么？

尸体

工具

盐（泡碱）

油

祭司

亚麻绷带

卡诺匹斯罐

护身符及象征符号

巴

安可

荷鲁斯之眼

"生"环

圣甲虫

卡

❶ 当一个埃及人过世，他的尸体将会运到专门进行尸体防腐的地点，由专门从事尸体防腐的祭司来为这些亡者前往死后世界做好准备。那些防腐师地位极其崇高，因为埃及人都认为他们的技术来自于神的恩赐，他们在对尸体进行防腐处理的时候，能与神沟通。

❷ 防腐师首先要把尸体放在石质或者木质桌子上，之后用尼罗河水认真地清洗尸体。

❸ 之后，他们小心地将亡者的内脏摘除，包括胃、肝脏、肺，但是并不摘除心脏。因为古埃及人认为，亡者在死后世界生活也需要情绪，因此需要留下心脏。这些器官被放在特殊的罐子里，这些罐子被叫做卡诺匹斯罐。之后将尸体浸泡在碳酸盐（又称泡碱）中，浸泡将持续35~45天。最后，尸体将完全脱水，不再腐烂。

❹ 他们会在尸体内填入不同物质：锯末、香料、沾满香油的布料块……尸体被填满后，他们将用沾满树胶的绷带（主要是亚麻绷带）将尸体包裹起来。打绷带的过程是一项重要仪式。在打绷带的同时，防腐师会不断向神明吟诵祷告。

所有都是为了死后世界

埃及人的棺材里将会放有家具、梳子、个人用品、食物，甚至将他们生前的宠物做成木乃伊作为陪葬。

❺ 最后，如果亡者十分富有，还会将他的尸体放入人形棺材中。

奇妙知识小贴士

除了法老和法老家庭以外，有钱的埃及人也可以花钱为自己制作木乃伊。制作木乃伊不仅价格昂贵，而且过程极为烦琐，总共需要70天左右的时间。他们还经常要求在绷带中放入护身符，或者在绷带上写上《死者之书》的句子。《死者之书》是古埃及文化中最重要的作品。

东西都是什么做的？

木头、金属、塑料、玻璃……不同的材料组成不同的物体，而这些材料内部含有不同的"成分"——极小的原子。原子始终处于活跃的运动中，它能决定物体的形状、状态及其他特点。

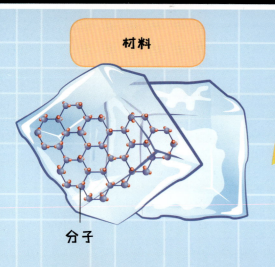

材料

分子

分子

原子

原子

公元前400年，古希腊哲学家德谟克利特认为原子是组成物质的最小且不可见的微粒。

❶ 我们身边的一切都是物质。物质都是由原子构成的，原子保持了物质的化学特性。

❷ 原子能组成分子，这种过程被叫做"化合"。

❸ 原子是组成物质的最小单位。原子中包括带负电的微粒（电子），带正电的微粒（质子），和不带电的微粒（中子）。

奇妙知识小贴士

每个原子就好像一个超新星，原子的直径大约是1厘米的亿分之一！如果我们要估算宇宙中存在的原子的总数，我们差不多要动用80个0。一粒灰尘差不多都有20亿个原子。

❹ 原子与原子之间的结合和分子与分子之间的结合，能够解释为什么一种物质能处于不同的状态，主要有三种：固态、液态和气态。也就是说，固体（如玩具），液体（如水）和气体是不同的，这是由于其内部的分子或原子以不同强度、不同方式结合在一起。

在固体中，原子和分子紧密地排列，因此固体大多数是坚硬的，有一定体积，有固定的形状。

在液体中，虽然分子也整齐排列，但比起固体来说，分子之间的空隙相对较大，因此有一定体积，没有固定的形状。

在气体中，原子和分子的联系非常弱，原子间和分子间都非常分散且运动速度很快。因此，气体非常轻，我们无法抓住它。

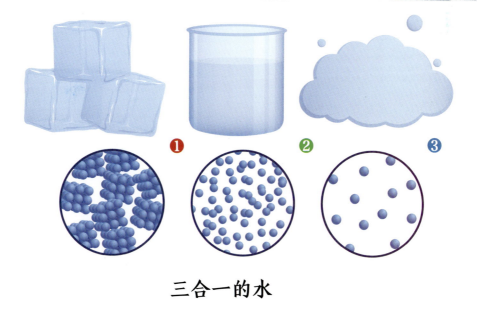

三合一的水

水以三种形态存在：固态为冰❶。当气温升高，冰中的原子相互吸引力变弱，渐渐分开，因此变成了液态的水❷。水持续加热至沸腾，则原子相互分离、原子间距离变大，分子也相互分离、分子间距离也变大，因此水变成了气体——水蒸气❸。若水蒸气进入冰柜开始降温，则分子开始聚合，变成固态。

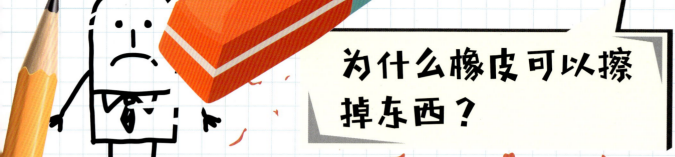

为什么橡皮可以擦掉东西？

橡皮能擦掉字、图画中铅笔的痕迹，简直就好像使用了魔法。橡皮对我们现在来说不可缺少，但它的发明却非常简单，是一系列偶然发现的结果。

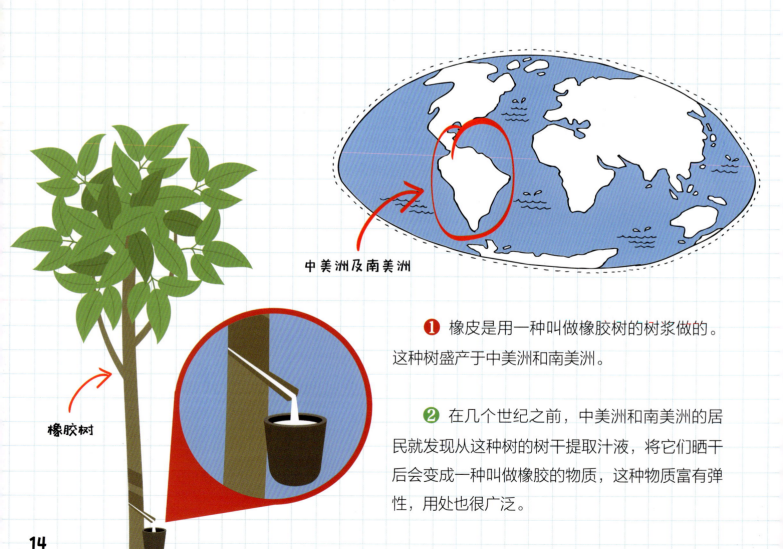

中美洲及南美洲

橡胶树

❶ 橡皮是用一种叫做橡胶树的树浆做的。这种树盛产于中美洲和南美洲。

❷ 在几个世纪之前，中美洲和南美洲的居民就发现从这种树的树干提取汁液，将它们晒干后会变成一种叫做橡胶的物质，这种物质富有弹性，用处也很广泛。

❸ 当欧洲的殖民者到达那里的时候，他们看到当地的土著人在鞋子和衣服外涂上了某种物质，这样就算在下雨天，衣服和鞋子也不会被淋湿。但是，最让他们感兴趣的还是当地人使用的神奇小球，这些神奇小球也是用这种物质制作的；这些小球的反弹性非常好，殖民者甚至以为这些球被施了魔法。

玛雅球

❹ 因此，这些殖民者决定将橡胶引入欧洲，随后欧洲人发现了这种物质的另一种用途：当时，铅笔在欧洲非常流行，这种物质能擦掉铅笔的痕迹。但是当时橡胶的价格很高，不易保存且有恶臭。

查尔斯·固特异

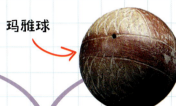

❺ 美国人查尔斯·固特异（据说在偶然中）解决了上述问题。查尔斯·固特异也是世界著名的轮胎的发明者。固特异发现，橡胶中加入硫再加热（被称为硫化反应）后，弹性依然保持不变，但是硬度更高，而且更加耐磨。就这样，在1844年，我们现在所看到的橡皮就被发明了出来。

为什么橡皮能擦去铅笔的痕迹呢？

由于摩擦力的作用，橡皮能擦去铅笔写下的东西。铅笔芯由石墨和黏土组成，铅笔芯内的细小颗粒能够附着在纸张的纤维上。而当橡皮擦过这些颗粒时，会产生静电吸引这些微粒，最终形成橡皮屑。因此我们用完橡皮后，都要清理这些橡皮屑。

奇妙知识小贴士

在世界上，大约超过4万种物品都含有橡胶。在发明橡皮之前，人们使用面包屑来擦掉铅笔的痕迹。1858年，一位叫海曼·利普曼的美国人发明了一个非常有用的东西：他把橡皮放在铅笔的一端，这样就有了带橡皮的铅笔。

纸是如何制作出来的？

报纸、杂志、书本和你的记事本，这些你看了一遍又一遍的东西，都是纸做的。

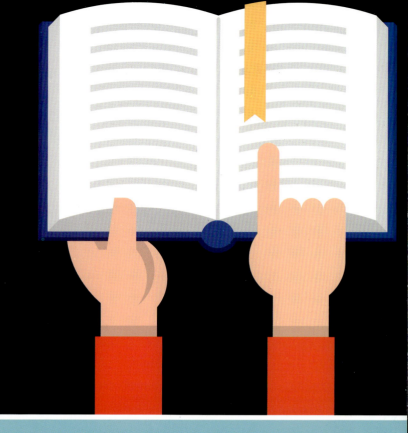

❶ 制作纸需要经过一系列过程，这一过程首先是从森林中开始的。其实，纸的原料是树干中的植物纤维。用于造纸的植物纤维主要来自杉树、松树、橡树、白桦等树。

❷ 人们会砍下这些树，并用特殊的大卡车将它们运到造纸工厂中去。在那里，他们会在去除树干表皮后，将树干打碎成小块。

❸ 人们会向树干碎片中加入化学物质，使其变成糊状的纸浆，并通过高温加热。人们还经常会向其中加入其他物质，如小块棉花以提高质量。

❹ 糊状的纸浆将进入巨大的混合车间。人们将树脂和白蛋白添加到纸浆中，这样做出来的纸质量更好，不易晕染墨水。

❺ 糊状的纸浆将会坐上传送带，经历一系列的生产过程。首先运往气缸和压榨机，在那里纸浆混合物经过干燥及压榨等过程，变成连续的、白色的纸张。这时的纸张已经非常类似我们所使用的纸张了，仅需要经过高温气缸进行压光和表面软化，之后进行最后的切割程序。

❻ 在这一系列生产过程后，会得到巨幅的纸张，随后将用巨大的复卷机将其卷成筒状。就这样，纸张能被人们所使用。

相同的工序，不同的纸张

世界上，根据厚度、纹路、颜色的不同，可以分成500种纸张。根据人们的需要，造纸厂可以使生产出的纸张含有不同数量的纤维、不同物质（用以调节纸张的颜色和光泽）等等。

奇妙知识小贴士

造纸厂通常都是非常大的，有些大的造纸厂可能有两个足球场这么大。生产1吨纸张，需要花费100~200吨水。据统计，美国人均年使用卫生纸数量141卷，是全球人均的4倍；德国人均年使用卫生纸量134卷；英国人均年使用卫生纸量127卷；日本人均年使用卫生纸量91卷；中国人年均使用卫生纸量49卷。

衣服是如何制作的？

也许你会觉得衣服就是从服装店的衣架上长出来的，但是其实衣服的制作需要一个相当长的过程。这一切都从一张设计图开始，设计图将确定衣服的特点，最终到你将衣服纳入衣橱而结束。

❶ 所有的衣服，包括裤子、裙子、T恤衫、大衣，它们的诞生都是从设计图开始的。设计草图是生产衣服的第一步，在设计草图上不仅要确定衣服的整体样式，还要确定衣服的特点，包括纽扣的数量，是否配有口袋，领子的样子，装饰物……当然还有颜色。

❷ 之后，设计师将把自己的设计稿画到一种特殊的纸张（通常是马尼拉纸）上。此时的设计稿便被称为服装样板，将其制作出来的过程叫做样板制作，那些负责制作样衣的人被称为服装样板师。

奇妙知识小贴士

世界上最古老的服装市场可以追溯到古罗马。在19世纪之前，孩子的衣服都只是大人衣服的缩小版，世界上还没有人为孩子设计衣服。

❸ 样板将被放置于特定的布料上，用别针固定住（也可能用一些特殊的、易擦除的粉笔在布料上画出样板的轮廓）。这是非常重要的一步，它的目的是确定布料完全符合样板的形状和大小。

❹ 接下来，服装厂将会采用一些非常特殊的工具（圆刀裁剪机、切割板等），裁剪布料。这一步，服装厂将完成所有部分的切割（包括袖子、裤腿、后背……），之后将这些部分按照顺序组装起来。

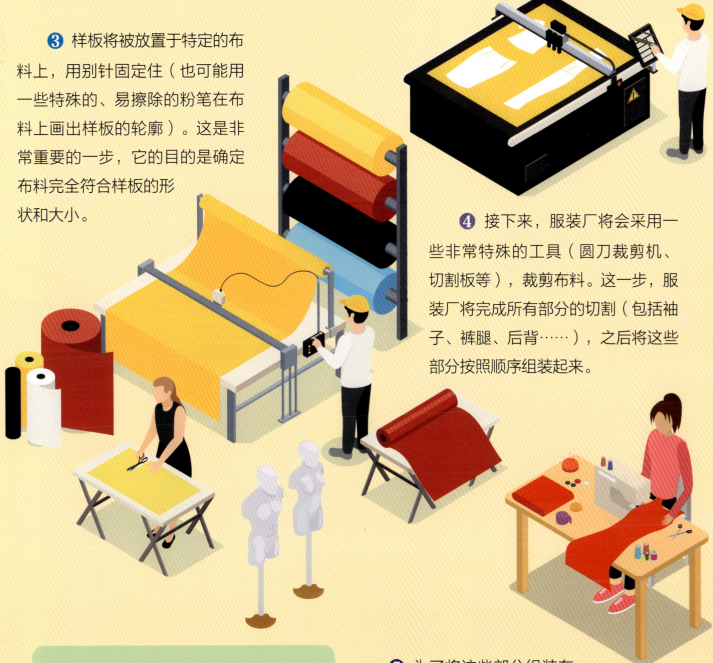

天然结合人造

在历史上很长的一段时间中，人们采用天然面料制作衣服，主要包括羊毛、丝绸、亚麻和棉花。20世纪以来，出现了人工的化纤面料，化纤面料虽然含有天然的成分，但它的纤维是人造的。现在我们所穿的衣服，大多数都是天然面料结合人造的化纤面料所制作的。

❺ 为了将这些部分组装在一起，需要首先进行手工缝纫，之后将这些布料送去进行机器缝纫。就这样，这些部分最终会被紧密地缝在一起，形成成衣。

❻ 制作衣服的最后一步是在衣服上打上标签。标签上不仅反映了衣服的大小和特点，也包括很多其他重要的信息，如洗涤标志。

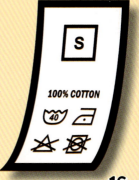

牛奶是如何生产出来的？

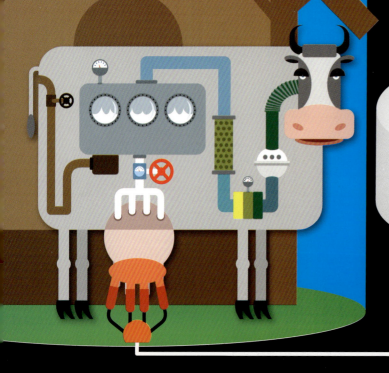

❷ 之后，牛奶进入运奶罐方便运输。

❹ 在工厂中，牛奶将经过高温杀菌。

❶ 农场主将牛赶入牛圈（牛圈可以是人工制造的，也可以是机械制造）。在那里，牛所产下的牛奶将进入一个贮藏器中冷藏保存，避免变质。

牛奶既不是超市的货架上长出来的，也不是冰箱里长出来的，而是牛身上挤出来的。牛奶非常容易变质，因此挤出来的奶必须马上送进工厂。

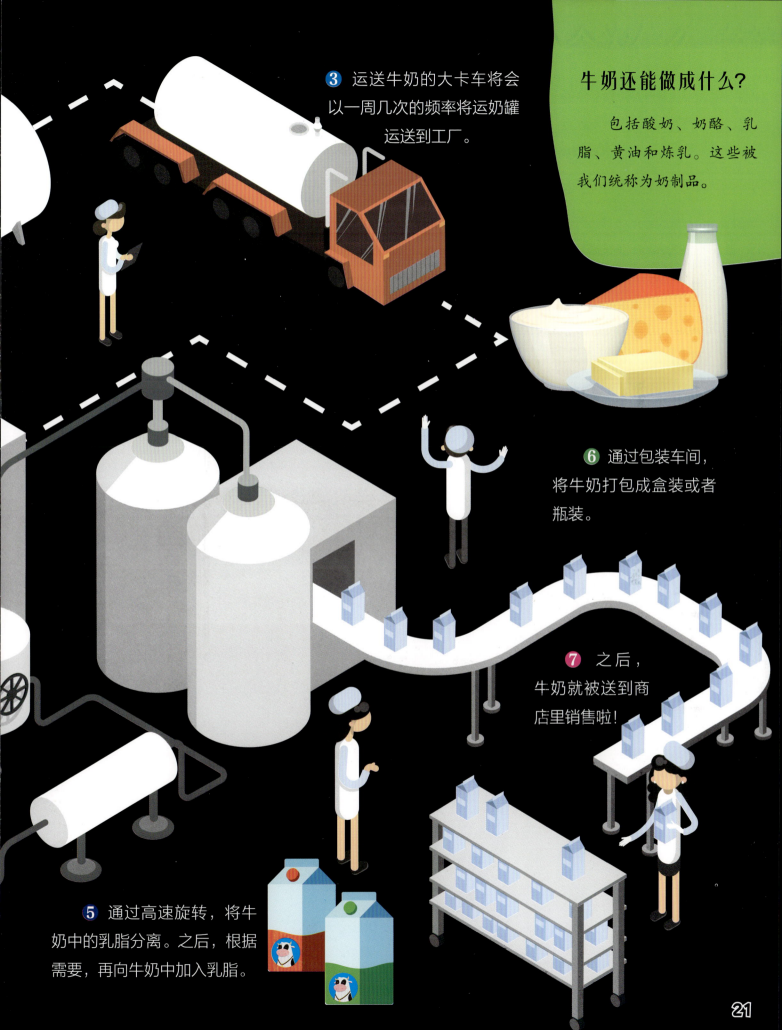

奶酪是世界上人们买得最多的奶制品。在这一页，我们不仅会学习工厂是如何生产奶酪的，而且还能学会如何细心地自己制作奶酪。

奶酪是如何生产出来的？

❶ 和所有的奶制品一样，奶酪的原料是奶，主要包括牛奶和羊奶。

❷ 工厂中生产奶酪，首先从挤奶车间开始，自动挤奶器将快速挤出奶。

奇妙知识小贴士

世界上共有超过2000种奶酪。世界上每年共生产两千万吨奶酪（奶酪显然是一种受人们喜爱的食物……）。你知道吗？在西班牙语里，甚至有一个特别名词来表示爱吃奶酪的人——图洛菲洛（turófilo）。

❸ 挤出的奶将被倒入一个巨大的桶中进行巴氏灭菌。巴氏灭菌是指在几秒钟的时间内将牛奶加热到极高的温度，去除牛奶中可能含有的病菌和杂质。

❹ 随后，向其中加入一些如乳酸酶和凝固剂的物质，帮助奶酪由液体变成固体并结成块状。在干燥之后，就形成了牛奶团。

❺ 之后，我们将紧实的"牛奶团"切开并放入柱状模具进行压平，通过压平将残留的液体排出；然后，再向奶酪中加入盐，使其风味更佳并保存更久。

❻ 根据不同的类型，将奶酪在特定的温度和湿度下放置一段时间，这一过程被称为熟化过程，而后就可以出售给人们享用了！

当奶酪沉睡时

在熟化过程中，奶酪不能仅仅在休息，还要不停地被翻面使整块奶酪的熟化程度相同，同时我们还要不断清洁奶酪的表面。你是否注意过有些奶酪的"黑色外壳"上呈现条纹状，就像被梳子梳过一样？这就是熟化过程的结果。熟化过程最长需要两年的时间。

我们在面包店里买的面包是怎么来的？

面包，毫无疑问是最美味的食物之一。几个世纪之前，面包是纯手工制作的，但是我们现在在面包店里买的面包是工业生产过程——工业烘焙的成果。

❶ 现在，我们吃的大多数面包都是工业化生产出来的。无论是手工制作还是工业化生产的面包，都需要一种基本原料，那就是小麦磨成的面粉。当然我们也可以用别的面粉来制作面包，包括黑麦粉、玉米粉、燕麦粉等等。

❷ 为了取得面粉，我们首先要对小麦进行采收，将合格的小麦挑选出来。之后，人们对小麦进行研磨，将小麦磨成面粉。

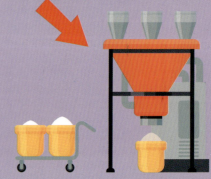

❸ 面包制作的下一步是和面，和面就是将面粉与其他制作面包所需的材料混合，主要是水和酵母。和面这一工序还将确定面包最后的形状：长条形、环形、圆形……

❹ 随后面包将被放置一段时间（进行发酵），最后送入特制的烤炉。

❺ 烤好冷却后，工厂对面包进行包装，并放入特定仓库。而后，面包从仓库被分送到各个面包店供人们享用。

酵母的神奇作用

酵母实际上就是真菌的一种。正是因为酵母的作用，面包内部存在着大量的"孔"和"洞"，这使面包能够膨胀并具有一种独特的口味。

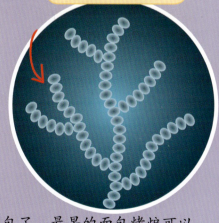

显微镜下的酵母

奇妙知识小贴士

面包的历史可以追溯到很久之前，古巴比伦人就已经开始吃面包了。最早的面包烤炉可以追溯到大约公元前4000年。有意思的是，在古罗马设有公共烤炉，任何人都可以用它烘烤面包。西班牙语"伙伴Compañero"一词来自于拉丁语，com的意思是和、一起，pan的意思是面包，Compañero就是一起分享面包的人，很有意思吧？

锁是怎么工作的？

如果你觉得开门非常简单，只要把钥匙插进锁眼里就能开门，那你就错了。锁的内部有一套非常复杂的系统，只有感应到插入的是正确的钥匙时，才会进行反应从而把门打开。

❶ 门锁是各种各样的，但是都有两个必不可少的组成部分：内锁芯和外锁芯。这两者在开锁的过程中，就如同乐队指挥一样重要。

内锁芯

外锁芯

奇妙知识小贴士

世界上发明锁的国家是中国，早在公元前3000年前，古代中国人就发明了锁。但是锁的普及是在古埃及，古埃及人用这种方式保护自己的住所以及神庙的安全。在很长一段时间里，钥匙都是木质的。世界上最大的钥匙，出现在公元前8世纪的伊拉克，长达1.2米。现在我们所用的锁于1861年被美国工程师莱纳斯·耶鲁发明出来。

❷ 内锁芯是可以转动的,其中包括了一系列金属制的、圆柱形的组成部分,叫做弹子(A)。弹子能够根据钥匙的转动(开门或关门时)上下移动。

❸ 外锁芯在内锁芯外部,内、外锁芯被分割线(B)隔开。分割线中含有凸轮,钥匙插入后凸轮感应控制外锁芯。

❹ 向左转动钥匙(开门)时,弹子向上移动,释放内锁芯。

❺ 内锁芯控制外锁芯,使凸轮向上翻转,因此凸轮得以转动,门得以打开。

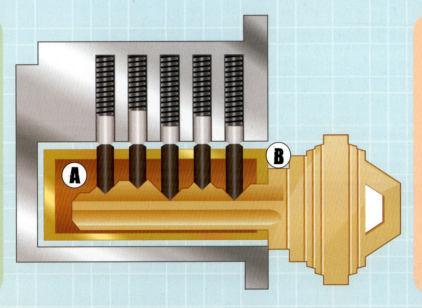

❻ 关门时(钥匙向右转动),上述机械运动向反方向进行,凸轮抵住外锁芯,弹子向下运动,使得门被锁住。

可以开门

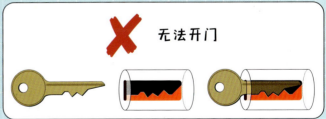

无法开门

每扇门都有自己的钥匙

只有在插入了正确的钥匙的条件下,上述的开锁过程才会得以进行。这是因为,只有唯一正确的钥匙才能转动内锁芯,所以每扇门也只有一把钥匙。现在,我们通过数字化的电脑运算进行上百万种的排列组合,并用这些排列组合的结果来制造不同的内锁芯,实现钥匙的这种排他性。任何一点差异,哪怕只有1毫米,都无法让错误的钥匙打开门锁。

现在我们的世界有几种能源？

能源既看不到、摸不着，也抓不住，能源无法被创造也无法消失，只能进行转化。能源的转化有多种方式。我们说的能源，能为电视、电脑、家用取暖器，甚至人体工作提供动力。

❶ 世界上有很多种能源，最重要的能源就是太阳。太阳的能量非常大，不仅给我们提供了光和热，还是其他能源的来源，比如说为生物提供了化学能源，生物化学能源又供植物成长并使它们能为自己生产养分，而植物为人和动物提供了食物。

| 原子 | 天然气 | 煤炭 | 太阳 |

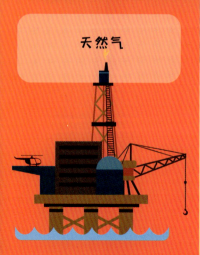

❷ 除了阳光以外，其他物质也可以提供能量：热（热能）、电（电能）、风（风能）、水流（水能）、原子（核能）……为了能将这些能源中的能量释放出来，需要进行一系列过程，包括挖掘、采集、生产、转化、储藏等等。

❸ 比方说，风能。我们可以采用内部装有叶轮机的特殊风车来收集风能，将风能转化为电能。水流和海浪所产生的能量，可以通过水电站进行处理，转化为电能。我们可以通过核电站来将一种化学物质（铀）中的原子能转变为电能。

可再生能源和不可再生能源

能源可以分为可再生能源和不可再生能源。可再生能源，始终存在于自然界中，是取之不尽、用之不竭的，比如太阳、水和空气……另一方面，不可再生能源是从地下挖掘出来的（如煤炭、石油、铀和天然气），是会耗尽的。因为这些化石能源经过了上千年时间才得以形成，因此数量有限，而且会污染环境！

石油　　风　　水

奇妙知识小贴士

太阳每秒钟释放的能量相当9亿亿吨炸药爆炸能量，或者10500亿亿度电，其1秒钟释放的能量够人类使用46亿年。目前，世界上最大的风力涡轮机位于荷兰鹿特丹，高260米，每个叶片长107米。

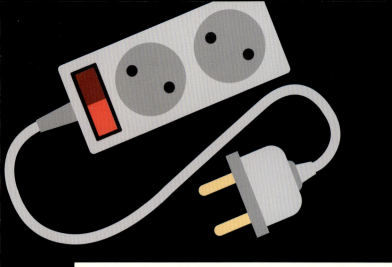

电是怎么送到我们家的?

我们已经学习了不同能源是如何转换为电能的,但是电是如何传送到你房间的灯泡中的呢?

❶ 电能是由太阳、水流、风、化石能源(煤炭、石油、天然气和铀)以及一些其他能源转换而来的。生产电的工厂被我们叫做发电厂,发电厂的面积非常巨大。

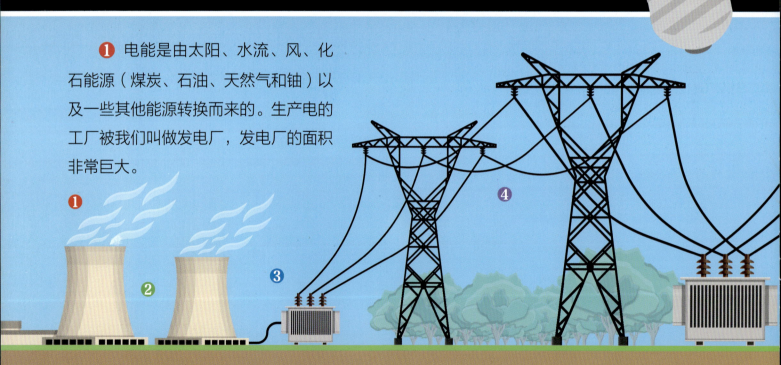

❷ 在发电厂中,能源以原始形态进入,经过不同的阶段,将能源转变成电能。

❸ 电流流向变压器，变压器将改变电流的压力，将其变成高压电。这样做可以减少电在运送过程中的损失。

❹ 电通过高压电塔上的金属电线离开发电厂，到达所有需要用电的地方，包括我们的家里、街上的建筑物等等。

❺ 当电到达所有需要用电的地方时，在直接供人们使用之前，还会再经过一次变压器变压。这一步是必需的，能把电流中的电压降下来，使电流的电压适应我们的电灯和电器等。

❻ 最后，变压过的电以电流的形式，通过我们埋在墙体中的电线输送到家中的插头和电灯开关上，供我们使用。

电流闭环

所有的电器内部都存在由开关（控制开关）、电流、电流发电端（电池）、导体（电线）及受电端（能将电能转化为其他形式的能源的装置，电灯泡就是将电能转化为光，取暖器就是将电能转化为热）组成的电流闭环。

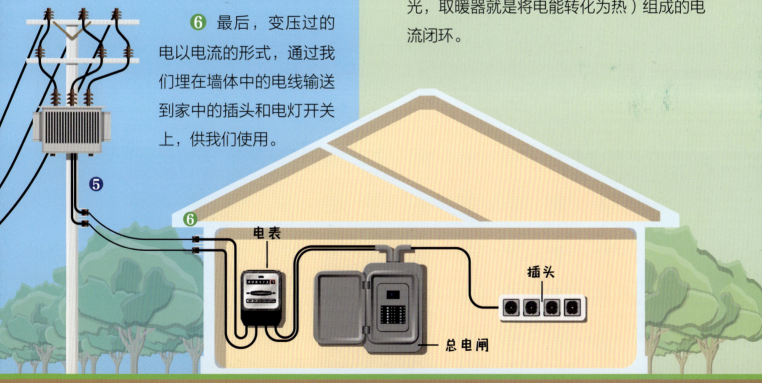

奇妙知识小贴士

离开电厂时，电被加压到110、220或者380千伏（1千伏等于1000伏）不等，这种被我们称为高压电。到达用电端时，电压将会大幅度下降，来适应家用电压，大概为380、220、125伏不等。

电视机的遥控器、闹钟、手电筒、收音机，和你的大多数玩具，能够正常工作，都多亏了一个神秘的小盒子。这就是电池。

装在我的玩具里的电池是如何工作的？

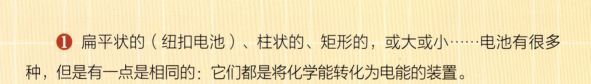

❶ 扁平状的（纽扣电池）、柱状的、矩形的，或大或小……电池有很多种，但是有一点是相同的：它们都是将化学能转化为电能的装置。

奇妙知识小贴士

电池是世界上非常常用的电源。每家每年约使用30到50块电池。最常用的电池是碱性电池，但是碱性电池在用完后必须扔到合适的垃圾箱里，因为碱性电池对环境污染很大：一块误扔进错误垃圾箱的碱性电池能够污染1000升水。如果我们将全世界每年用尽的电池（大约为150亿块）排列开来，距离将等于……地球和月亮之间往返一趟的距离！

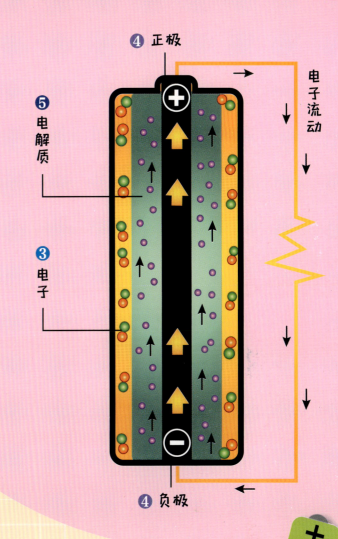

❷ 电池外部包有小小的铁制的壳子，能起到保护内部发电装置的功能。

❸ 电池内部是由多种物质组成的，最重要的是电子，电子是带电的微粒，能随着电化学作用而移动。

❹ 电池内部的两端，又叫电池的两极，一端为正极，一端为负极。负极为金属锌微粒构成，而正极为二氧化锰与碳构成。

❺ 当我们给玩具或是其他电器装上电池，电子通过电解质（能使电子移动的物质）从电池负极向正极移动，产生电循环。当电池和带有正负极的电器相接触，电流就会进入这些装有电池的电器中。

碱性电池，纽扣电池，是否含有液体？

电池能分为很多类型。比如说，根据电解质的类型，可分为干电池和湿电池。汽车中的电池为湿电池，因为汽车中电池的电解质为液体；大多数电池为干电池，因为其电解质为糊状固体。还有很多其他种类的电池，比如说使用时间很长的电池——碱性电池、纽扣电池、锂电池、盐水电池、可充电电池、一次性电池等等。

汽车是怎么工作的？

在汽车内部，安装有一个非常复杂的机器。在人们插入车钥匙或按下开关后，这个机器启动，并发动汽车。

❶ 离合器、变速杆、变速箱、刹车、轮胎、电气系统……一辆汽车中包含了许许多多的零部件和系统，它们同时进行工作来达到同一个目标——使汽车开动。其中，控制其他部分的发动机是最重要的，就好比乐队的指挥一样。

❷ 在大多数情况下，汽车的发动机是燃油发动机，也就是说需要燃料才能发动。汽油是最主要的燃料。但是，燃料又是如何发动汽车的呢？

奇妙知识小贴士

1769年，法国工程师居纽制造出世界上第一辆蒸汽驱动三轮汽车。1886年，德国工程师戈特利布·戴姆勒制造出由汽油内燃机驱动的第一辆四轮汽车。此后，汽车进入工业化时代，并飞速发展。如今，电动汽车是世界汽车产业未来的发展方向，因为人们越来越意识到环保出行的重要性。

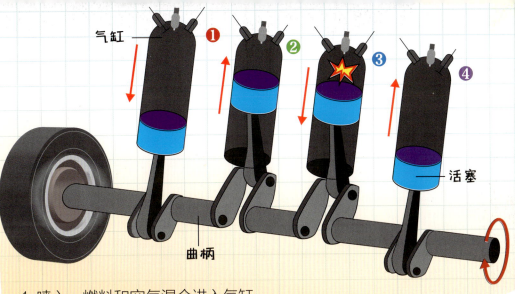

❸ 发动机中最重要的部分是气缸（汽车的马力大小主要就是取决于气缸的数量）。每一个气缸内都包含一个燃料间，燃料抵达那里后会燃烧并发生许多小型"爆炸"，从而产生能量推动汽车移动。

1. 喷入：燃料和空气混合进入气缸。
2. 压缩：阀门关闭，活塞向上移动。
3. 爆炸：火花塞上的电火花点燃混合的燃料和空气。
4. 推出：活塞向上推动气体。

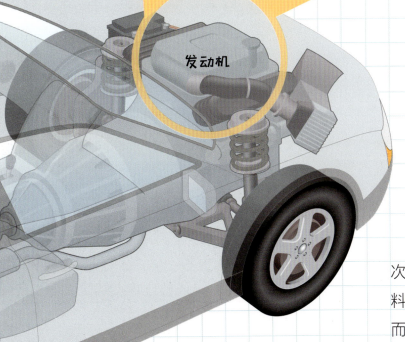

❹ 活塞位于气缸上。每次在气缸中产生"爆炸"，燃料就会推动活塞上下移动，从而传导到一个名为曲柄的零件上，曲柄驱动轮胎转动。

其他重要的零件

方向盘最重要的使命是控制驾驶的方向，方向盘通过控制前轮的方向来控制汽车的方向。对于驾驶员和乘客来说，刹车对于自身的人身安全是非常重要的，能够在危险的情况下把车停下来。

为什么飞机会飞？

你一定曾经问过自己：为什么这么大的金属鸟能飞？为什么这么大的金属鸟不会因为力气耗尽而栽倒在地上呢？这并不是魔法哦，你接下来就会学习为什么！

飞机是如何飞在空中的？

当飞机在天空中飞翔的时候，有四种力作用在它身上——两种水平方向作用力，两种垂直方向作用力。飞机中的发动机将推动飞机向前，而空气中存在阻力，阻止飞机向前。飞机承受向下的重力，而飞机受到的浮力支撑着飞机。因此，为了能够飞行，浮力应当大于重力，发动机的推力应当大于空气阻力。

飞机的双翼是空心的，里面充满了燃料。这是为了节约空间，把飞机的机舱留给乘客和货物。

你知道吗？飞机上的涂层是非常重的。很多年前，飞机需要在外层涂上4层涂层，一共重达455千克。现在，飞机仅需要一层重量为100千克的涂层，这样飞机可以节省很多燃料。

浮力是如何产生的？

如果你把手伸出车窗，舒展开并向上倾斜，你就会感到有一种把你抬升的力量。这就是浮力，这也是飞机在空中不会坠落的原因。飞机是通过机翼来获得浮力的。

机翼和飞机上下部所承受的不同气压帮助飞机抬升。

空气快速地从机翼上部流过，对飞机造成较小的向下的压力。

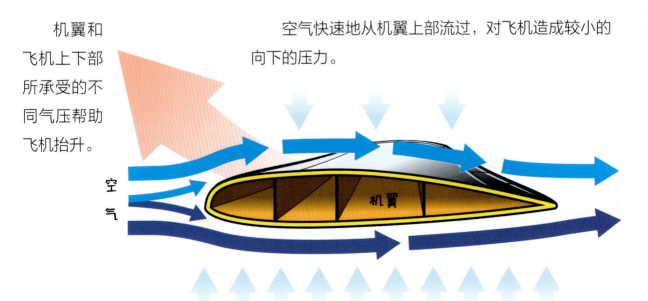

空气从机翼下部流过的速度明显变慢，对飞机造成较大的向上的压力。

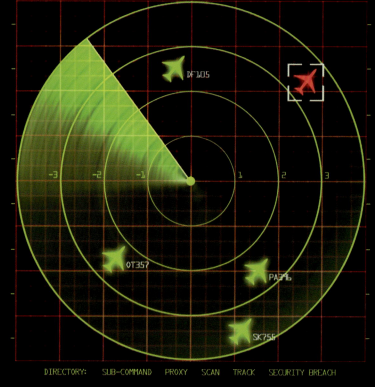

有很多架飞机同时在空中飞行，但是因为某些神秘的原因，这些飞机之间并不会发生碰撞。学习了这一页，你就会了解，在飞行和在机场起降的时候，飞机不会发生碰撞的理由。

❶ 空中控制台是负责管理空中交通的部门，它在地面上指导和帮助在飞机驾驶舱中的驾驶员。驾驶员和控制台（出发机场、抵达机场和飞行路线上都有控制台）在飞行全程，都将不断通过广播进行联系。

奇妙知识小贴士

世界上最高的控制台位于吉隆坡机场，距离地面133.8米。机场越繁忙，其控制台的任务也越重。美国亚特兰大州的哈兹菲尔德·杰克逊国际机场是世界上最繁忙的机场，每年接待旅客10.15亿人次，飞机起降883000次。

飞机飞行和在机场起降的时候，为什么不会发生碰撞？

❷ 控制台有两种：塔台和地面控制台。

❸ 塔台控制台控制机场起降坪，保证所有起降都能快速、安全且有序进行。它主要负责两种飞机：穿过塔台工作范围内的、飞行中的飞机，即将要降落的飞机。

❹ 地面控制台是批准飞机打开发动机的地方。它能给予飞行员进入起降坪和起飞跑道的许可，给予起飞许可等。

塔台中会发生什么？

塔台的控制员控制着非常精细的信息系统。它们采用专用雷达来检测飞机环境，提醒其存在的危险（比如说，飞机落地前速度过快，或者两架飞机非常接近等），因此塔台的工作人员需要很高的专注力。

为什么火箭能升空？

你知道吗？火箭是人类发明的速度最快的机器。就像汽车一样，火箭也是靠发动机发动的。另外，火箭能升空也要归功于一条重要的物理规律：作用力与反作用力。

作用力与反作用力

火箭能够升空的秘诀就藏在物理学的牛顿第三定律中。牛顿第三定律认为任何一种作用力，都有反作用力，它们总是大小相等，方向相反。因此，对于火箭来说，这条物理规律——作用力与反作用力，是以下面这种方式推动火箭的：首先，发动机中的化石燃料点燃后将向下释放巨大的作用力。而因此，地面也会形成对火箭的、方向相反的反作用力，帮助火箭快速升空。

火箭的主要用途是将人（宇航员）或物送到太空中。

奇妙知识小贴士

为了克服地球的万有引力，火箭的飞行速度需要达到第一宇宙速度7.9千米/秒。燃料的消耗数量，因火箭任务的不同而有所不同，每发射一次火箭，平均消耗2076545千克的燃料。

❶ 为了使火箭能够到达外太空，需要向上飞行。实现向上飞行需要使用火箭的推进系统。火箭的推进系统将会在垂直方向给火箭一个巨大的推力，使其快速加速。这种推进力主要是为了克服地球的万有引力。

❷ 火箭中会带有一个或几个化石燃料发动系统，将化石燃料燃烧的能量转变为向火箭的推进力。

❸ 另外，火箭的结构设计也有利于它升空。火箭主体为柱状，表面光滑，且柱体上各处的半径都相同；另外火箭顶端也就是火箭头部，其形状为尖头形。这样的火箭结构能够减少空气阻力，能为火箭发射节约能源。

火箭也能够充当其他飞船的推进器，比如说土星5号就是负责将阿波罗6号送上太空的推进器。阿波罗计划在1969年首次让人类踏上了月球。中国用于载人登月的新一代载人火箭将于2030年前完成研制。

❹ 有一种火箭，它的箭体在任务完成后，会整体返回地球，这种被称为单级火箭。而另一种火箭，由数级火箭组合而成，一级串联在另一级上。这种火箭外级燃料耗尽后会将外级抛弃，通过这种方法，能够提高火箭的运载量，这种叫做多级火箭。

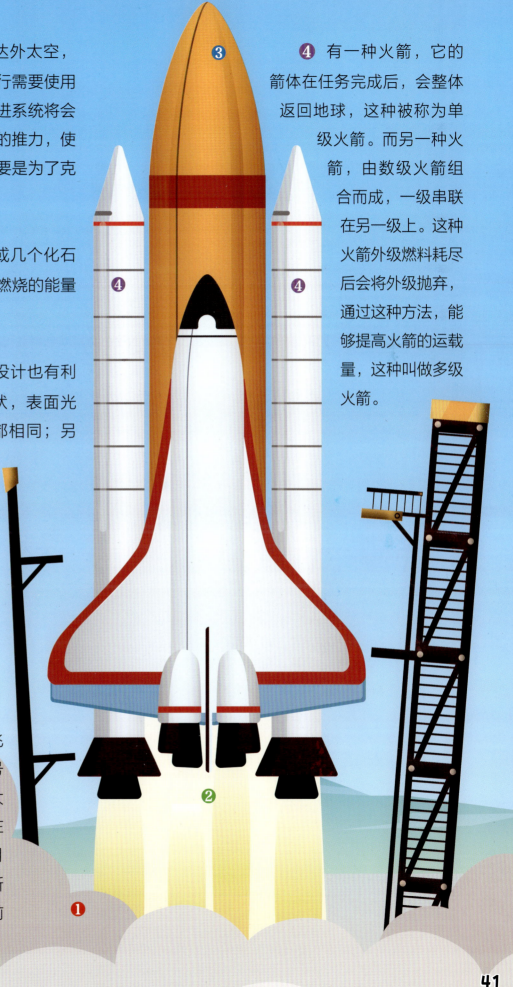

GPS定位系统是如何工作的？

卫星

什么是 GPS？

GPS意为全球定位系统（英文：Global Positioning System），能通过32颗绕地卫星确定我们在地球的什么位置。GPS能24小时在任何气候、任何地点工作。

❶ GPS卫星每天绕地球两圈，能够向地球输送信号。为了确定我们的位置，需要同时观测到至少四颗卫星。

❷ GPS接收器能够接收卫星的信号，并通过特殊的软件将它转化为时间、速度及位置的信息。之后，接收器将这些信息通过天线传送到蜂窝网络系统中。

接收器

接收器

很多电器中都备有GPS，这种技术能帮助我们实时了解自己所在的确切位置。但是，你是否曾经问过自己，GPS是如何给我们指路的呢？

世界上只有一种定位系统吗？

不是的，有好几种。俄罗斯有格洛纳斯卫星导航系统，欧盟有伽利略卫星导航系统，中国有北斗卫星导航系统。

❸ 蜂窝网络设备在接收到这些信息后，会将这些数据储存起来并上传到互联网。之后互联网将信息传送到我们的设备中（电脑、平板、手机、智能手表……）去。

奇妙知识小贴士

为了使GPS导航系统发挥最佳作用，我们必须在能看到蓝天的地方使用它。在室内、洞穴里、高楼林立的街道上，GPS就无法很好地发挥作用。我们所拥有的电子设备，可以通过算法来计算路程，帮我们找到最快抵达目的地的路线。

微芯片是什么？

微芯片可能是世界上最小的机器之一了。虽然我们看不到它们，但是微芯片几乎存在于所有我们用的东西里：家庭电器、汽车、音乐播放器、手机……

❶ 微芯片实际上是一个由许多微小的电子元件组成的微型集成电路（CI）芯片。这一块薄片，主要成分为硅，大小还不到1平方厘米，却能集成上述许多电子元件。由于在微型技术方面取得了非常重大的进步，人类才能生产微芯片。

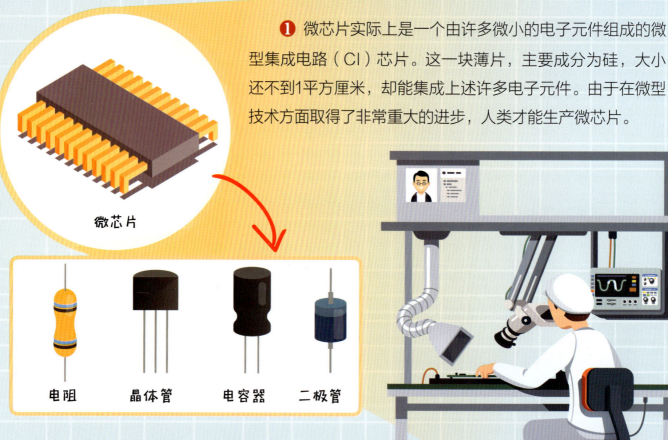

微芯片

电阻　晶体管　电容器　二极管

❷ 每个微芯片都包括许多组成部分，每个组成部分都承担着特定的任务，其中就包括电阻、晶体管、电容器、二极管。

❸ 这些组成部分对于一个微芯片正确发挥作用（以及包含这块微芯片的物品和技术发挥作用）起到非常关键的作用。尤其是晶体管，它负责处理信息，也就是说，当接收到微芯片其他组成部分所发指令时，晶体管就像电灯开关一样，对这些指令做出具体的响应。

各种晶体管

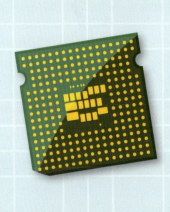

❹ 微芯片的"大哥"是微处理器，微处理器对于电脑、手机和其他家用电器来说就好比是人类的大脑。

❺ 电脑的微处理器又称为中央处理器（CPU），它与电脑的其他组成部分相连，负责处理所有算法及所有电脑操作，并对相关的其他部件下达指令。

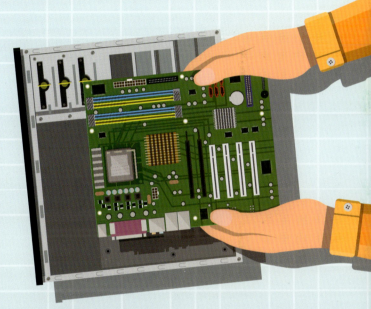

其他用途

微芯片也可以用在人体上（比方说可以通过微芯片来确定药物是否已经发挥了它的效用）和宠物身上。如果你有一只狗或者一只猫，你的兽医可能会建议你在宠物身上装上一块微芯片。这种微芯片非常小，而且装在玻璃外壳中，之后被植入宠物皮肤中（但并不会给宠物造成伤害）。在宠物走失时，芯片能帮你找到它。

奇妙知识小贴士

生产微芯片是一项非常复杂的工作，可能需要多达500道工序。微芯片是美国物理学家、工程师杰克·基尔比于1958年发明的，2000年，杰克·基尔比因这项发明被授予诺贝尔物理学奖，此时，这个奖项距离他的发明已经42年。他的发明，为现代信息技术奠定了基础，并改变了人类的生活世界。

电脑里有什么？

❶ 最初的电脑是作为一种特殊的计算工具而被发明出来的。它体积巨大,能够进行大量计算并进行数据的储存;但是,很快地,人类就发明出了功能更强大的电脑。现在的电脑几乎无所不能。

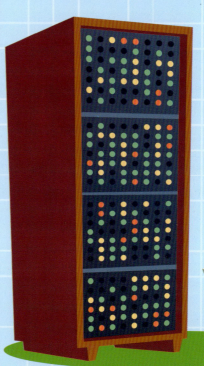

电脑无处不在,家里、学校里、商店里、办公场所里都有电脑。电脑有不同的大小、形状和颜色。我们所说的电脑,是一种智能机器。你仅需要按下键盘,电脑不仅能解答你的问题,而且能帮你做很多事情。

奇妙知识小贴士

世界上最强大的电脑是日本发明的,叫做K,每秒钟能够进行8162万亿次运算。电脑病毒是威胁电脑正常运转的敌人(因此,我们需要给电脑装上杀毒软件,就像人类需要打疫苗一样)。世界上每年都会新出现约6000个新的电脑病毒。

❷ 电脑之所以智能是因为它是由部件和系统共同组成的。电脑包括了两个重要组成部分：软件和硬件。

❸ 软件是为了实现电脑运作，对电脑下达命令和指令的集合，包括控制数据的输入与输出，进行计算，定位信息等等。软件包括程序和应用两种形式，每种软件都能正确完成任务。

❹ 硬件就是电脑本体，也就是设备本身，包括电脑内的每一个部件，以及用连接线与电脑相连的所有设备。用连接线与电脑相连的设备被称为外部设备。外部设备包括输入设备（向电脑输入数据的设备），如鼠标、键盘和麦克风，以及输出设备（输出相关动作或信息），如显示器、音响和打印机。

❺ 另外，还有一些负责输入/输出的外部设备，比如说电脑硬盘、U盘、CD-ROM和DVD-ROM等设备。它们能够与电脑连接也可以与电脑分离，主要作用是用来储存信息。这些外部设备都由软件控制及调配。

告诉我关于操作系统的事吧

软件分为不同的系统和区域。每一种系统和区域都担负着不同的特定功能。比方说，在我们打开电脑后，操作系统将启动电脑。当我们希望完成不同的任务（如文件和表格的处理……）时，我们会使用不同的应用软件。

互联网是如何运作的？

你知道世界上的所有的电脑之间都是相互联系的吗？是可以相互交换信息的吗？这都是信息网络的功劳，我们叫它互联网。

网络服务器

❶ 一个网页（如播客、论坛、网上商场、商业网站、门户网站或其他网页）是由素材（包括文字素材、图片素材、视频素材，以及网页设计素材如CSS、JS、html、php等）组成的。这些素材都被存在网络服务器（更专业的电脑）中。

❷ 假设你是互联网用户，你打开了你的浏览器，并输入了你想要访问的网页的URL（链接或地址）。

❸ 这个动作意味着，你通过互联网，向你希望访问的网站所在的网络服务器提出了申请。

❹ 网络服务器将搜索相关网页。

❺ 网络服务器向你发送你申请查看的网页。

奇妙知识小贴士

互联网诞生4年后，用户已经增长到了五千万。这可是个了不起的成就。因为类似的发明如电视，花了13年的时间才获得了五千万用户。截至2022年6月，中国网民数超过10亿。1971年，人类发明了电子邮件，也寄出了第一封电子邮件。目前，全世界每天共有超过千亿封邮件往来。

世界上网络化水平最高的国家是格陵兰岛，那里92%的居民都使用网络。

互联网和公司

在互联网世界，有许多工具能够帮助用户更轻松地使用互联网，如浏览器（360、Firefox、Chrome……）、搜索引擎（百度、Google）、网站、网页和社交网络等。这些工具能帮助我们很好地利用互联网获取知识、进行调查研究、和其他人联络、进行网络购物、听音乐、看视频和电影等。

我们家里使用的水是从哪儿来的？

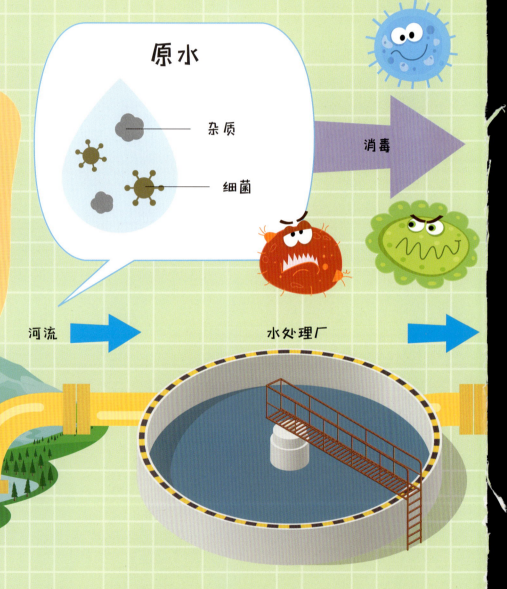

奇妙知识小贴士

地下水占到全球淡水的30%。地球上大约13.13亿立方千米的水（约占地球水资源总数的93%）是咸的。全球进行海水淡化的工厂每天耗电超过2亿千瓦时。

❶ 淡水位于地表（河流和湖泊）和地下（井和泉）中。要获得饮用水，首先我们需要取水。我们可以直接取走河流和湖泊的水，或者通过特殊的水泵取走地下水。

❷ 取到原水后，我们要在处理水或净化水的工厂中对其进行过滤和做一系列物理、化学和微生物处理，去除水中的杂质和泥沙。

当我们拧开水龙头，水就会冒出来。抵达龙头的水其实是从很远的地方运过来的。这些水经过了一系列复杂的处理过程才变成了能供人类使用的饮用水。

饮用水

氯

控制中心

家庭、学校和医院等场所的自来水，依然受到各市或各地区的水质量控制中心的信息化系统的持续监控。

蓄水池

家

❸ 之后，水厂工人向水中加入氯进行消毒。经过氯化的水将被放入蓄水池储存一定时间，保证其饮用安全。

❹ 当确定水已经可以饮用时，水厂通过管道系统将水输送到城镇和村庄中的水龙头、淋浴喷头、清洁系统、家用电器（洗衣机和洗碗机等）的水管中。

城市的地下有什么？

❶ 在大街小巷每天来来往往着无数汽车。我们的城市表面并没有足够多的空间来停放它们，因此地下停车场就是个非常好的主意。另外，很多建筑物，尤其是商业中心，会将地下空间打造为楼层使用。

❷ 城市地下，自然而然地还装有一个对我们生活来说必不可少的系统：下水道系统。下水道系统是那些用来排放来自居民楼、建筑物和雨水（下水道能排放雨水，防止我们城市被淹）所产生的废水的管道的集合。

奇妙知识小贴士

世界上最大的地下商业中心位于加拿大的多伦多，它由一系列长达28千米的管道网组成。在这个地下商业中心里，共有1200多个店铺。日本东京有着世界上最大的下水管系统，被人们称为"地下神殿"，由五个巨型柱状竖井组成，这些竖井间由总长度达6.3千米的地下管道网连接。世界上地铁运营里程最长的城市是中国上海，总长度达到了831千米。

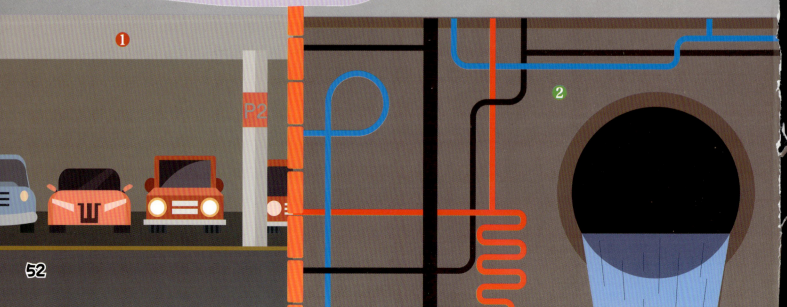

城市的街道中充满了不停穿梭的车辆、行色匆匆的人流和高楼大厦……实际上，在我们的脚下，还有一个我们看不到的城市。那里每天都会发生许许多多的事情，多到你无法想象……

❸ 世界上最先利用地下空间的城市之一就是英国伦敦。19世纪，在英国伦敦的路面上，川流不息的马车（当时英国人的交通方式）导致伦敦路面交通几乎瘫痪。自那时起英国人就开始利用地下空间来解决地面交通的问题，他们发明了世界上最古老的地铁。现在，地铁已经成为了地球上大多数大型城市最重要的连接市区与市郊的交通方式。

地下空间在历史上发挥的作用

在历史上，地下空间也非常重要，尤其是在战争和空袭年代。这是因为人们可以在地下建防空洞，当人们听到敌机靠近的警报时就可以进入防空洞避难。

另一个地下空间的"居民"是光纤电缆，光纤电缆对我们使用手机、有线电视和互联网等设备来说，是必不可少的。

垃圾是如何回收的？

每人每天超过1千克！这是我们人类平均每天产生的垃圾量。如果我们将这个数字乘以地球上的总人口，得到的数字将会大得惊人。令人庆幸的是，这些垃圾中相当一部分是可以回收再利用的！

❶ 在将垃圾投入垃圾箱时，垃圾回收就开始了。为了方便我们做好垃圾回收，大多数人的家里为不同类型的垃圾准备了不同的垃圾桶：塑料、纸张、玻璃、有机物（食物残渣，包括水果皮、鱼刺、茶包等）。

奇妙知识小贴士

家庭垃圾中35%为有机垃圾，也就是厨余垃圾。垃圾回收率最高的国家是德国（55.9%），其次是澳地利（53.7%）和韩国（53.5%）。铝是一种能够多次回收的材料。

❷ 家庭垃圾将会根据不同的分类，被装到相应的集装箱垃圾车中。这些集装箱垃圾车专门负责收集垃圾，并运送到下一个地点：垃圾中转站。在垃圾中转站中，垃圾将在密闭空间中保存（避免散发异味）。

❸ 之后，垃圾将被送往垃圾处理及回收场。在垃圾处理及回收场中，巨大的传送带将垃圾按照不同的类型分开：玻璃、金属、纸张、塑料……

> 金属能够熔化重新使用，塑料也可以重复利用生产新产品，大多数的电子垃圾都可以重新利用。

❹ 可以回收再利用的垃圾将进行压缩，其他垃圾将会被送入垃圾堆。这些被压缩的可利用垃圾将会按照其材料特性，经过一系列回收过程，重新使用。

有机垃圾的处理过程与其他垃圾不同

在分类且识别之后，人们将对有机垃圾进行一种氧化作用，这种作用被称为堆肥处理。堆肥处理后，有机垃圾将变成有机肥，用于农业和园艺生产中。

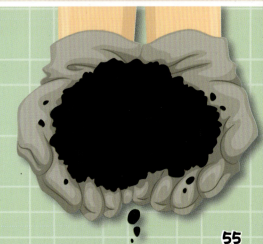

什么是可持续城市？

城市的生活方式对保护自然资源来说是不利的。因此，我们为了可持续发展，采取了各种各样的措施。可持续城市指的是能够在不损害自然资源的情况下，为居民提供高品质生活的城市。

为了帮助城市实现可持续，我们可以做很多事情：随手关电灯，不浪费水，回收垃圾，乘坐公共交通，多骑自行车……

❶ 可持续城市的模式并不是单一的。我们应当根据不同的城市及不同的居民采取不同的措施。但是，所有的可持续城市都应该满足一些共同的要求，包括尽可能多地使用可再生能源（太阳能、地热能、风能……）并减少能源消耗。